AF340094

Ces deux Notices ont été offertes à S. M.
l'Empereur avec ma demande du titre
de Chevalier de l'ordre impérial de la
Légion d'honneur ;

NOTICE

SUR

LA CROATIE MILITAIRE

ET SUR

LES AUTRES PROVINCES ILLYRIENNES,

SOUS L'EMPIRE DE NAPOLÉON.

Par M. le chevalier Marchal,

MEMBRE DE L'ACADÉMIE ROYALE DES SCIENCES, DES LETTRES ET DES BEAUX-ARTS DE BELGIQUE.

———

(Luc à la séance de l'Académie, le 4 décembre 1858.)

ACADÉMIE ROYALE DE BELGIQUE.

(Extrait du tome XV, n° 12, des Bulletins.)

NOTICE

SUR

LA CROATIE MILITAIRE

ET SUR

LES AUTRES PROVINCES ILLYRIENNES,

SOUS L'EMPIRE DE NAPOLÉON.

Je vais présenter à l'Académie un épisode très-peu connu du règne de Napoléon. Sous l'empire, les provinces illyriennes, qu'il a créées et organisées, commençaient au delà du fleuve appelé Isonzo, qui les séparait de son royaume d'Italie. Elles étaient au fond et sur le rivage oriental du golfe Adriatique. Elles confinaient : au nord, par une frontière d'au delà de 100 lieues à l'empire d'Autriche; à l'est, par une autre frontière d'au delà de 125 lieues à l'empire Ottoman. Le territoire illyrien s'étendait depuis Lienz et Cillian, bailliages détachés du Tyrol, jusqu'aux bouches du Cattaro, au-dessous des Monténégrins, petite nation albanaise et chrétienne-grecque, qui se maintenait vigoureusement indépendante des Turcs. Leur chef ou évêque fut décoré de la croix d'officier de la Légion d'honneur. La république de Raguse, enclavée sur ses deux frontières au rivage de l'Adriatique, à l'empire Ottoman, fut supprimée par Napoléon et annexée à l'Illyrie.

La population des provinces illyriennes s'élevait à 1,700,000 habitants, presque tous de race slave. Il n'y avait de la race germanique qu'en Carinthie et dans quelques cantons de la Carniole, et de la race italienne que près de l'Isonzo, de Gorice et de Trieste. Les dialectes du slave-illyrique ressemblent tellement aux divers dialectes russes, qu'un voyageur peut se faire comprendre depuis Trieste et Raguse jusqu'à Archangel.

Comme il y a des familles italiennes naturalisées en grand nombre dans les villes du littoral et même de l'intérieur, parce que les Vénitiens en possédaient en grande partie la souveraineté, l'italien, dialecte vénitien, y est vulgaire comme le français à Bruxelles, à Dunkerque, à Strasbourg et à Marseille.

L'Illyrie est entièrement traversée par une chaine des Alpes, dont les cimes se reconnaissent de très-loin, parce qu'elles sont nues et plus élevées que les autres montagnes. La configuration allongée de ce territoire, sur une longueur de 300 lieues, ressemble, s'il m'est permis de faire cette comparaison, à un poisson dont la tête touche à l'empire d'Autriche, une des nageoires au royaume d'Italie, l'autre nageoire et la face dorsale à la Turquie, la face abdominale à la mer Adriatique, ayant en dessous un nombre infini d'iles oblongues. Le climat du littoral

est celui de l'Italie : la vigne, l'olivier, le figuier y pros-
pèrent; l'oranger croît près de Raguse; mais le climat de
l'intérieur a toutes les rigueurs des hivers hyperboréens :
il y a tous les ans 15 pieds de neige en plusieurs en-
droits; les loups y sont si nombreux qu'un courrier de la
malle, son conducteur, les chevaux et la valise furent
dévorés par eux, pendant un hiver, dans la forêt de Zer-
magne; on n'en retrouva que les clous et les fers de
cheval. La description des contrées boréales des anciens
s'applique à l'Illyrie, qui était située au septentrion de
la Grèce.

Le courant pélagique du golfe Adriatique s'éloigne peu
à peu, annuellement, de la côte d'Italie, de manière que
plusieurs canaux intérieurs de Venise sont actuellement
à sec et que Venise dépérit, tandis que ce courant ronge
chaque jour davantage les rochers et la plage du littoral
illyrien, ce qui améliore le port de Trieste et tous les
autres de ces parages. Les marins illyriens, descendants
des anciens Liburniens, qui étaient les meilleurs matelots
de l'empire romain, sont encore actuellement les plus
hardis navigateurs méditerranéens. L'empereur Napoléon
comptait beaucoup sur eux pour rétablir sa marine. Ils
sont pour la Méditerranée ce que les Bretons sont pour
l'Océan.

J'ai rédigé, sur les provinces illyriennes, un mémoire
que j'ai présenté, à Paris, le 15 mai 1815, au général Bertrand, qui les avait organisées lorsqu'il en était gouverneur général. J'y étais son subordonné. Ma minute est dé-
posée sous le n° 11650 des manuscrits de la Bibliothèque
royale de Belgique : cette notice en est un extrait ou un
simple sommaire.

Napoléon, lorsqu'il était général en chef de l'armée d'Italie, en avait traversé les provinces occidentales, qui étaient confondues avec l'empire d'Allemagne. Il avait séjourné dans le Frioul italien, près de l'Isonzo; il y avait conclu, le 17 octobre 1797, près du château de Passeriano, dont le nom fut donné par lui à un département du royaume d'Italie, le traité de Campo-Formio. Il s'est souvenu, pendant ses victoires sur les Autrichiens, en 1805 et 1809, que l'Illyrie, pendant l'empire romain, était sur la route des légions qui allaient de la Gaule, de la Germanie et de la haute Italie vers la Grèce, la Thrace, Byzance et l'Asie Mineure.

Par ledit traité de Campo-Formio, il avait fait donner à la maison d'Autriche les États ex-vénitiens sur les deux rivages de l'Adriatique, à l'exception des sept îles du Levant, qu'il appela : *Iles Ioniennes*, que les Français se réservèrent, et qui furent toujours étrangères aux provinces illyriennes. Par le traité de Presbourg, du 26 décembre 1805, il se fit rétrocéder, par l'empereur d'Autriche, les États ex-vénitiens; il en augmenta son royaume d'Italie, de manière que la maison d'Autriche était de nouveau réduite à la possession de ses ports de Trieste et de Fiume et de son littoral hongrois, dit *la Morlaquie*. A cette époque le général en chef Marmont alla commander une armée française en Dalmatie et à Raguse; son quartier général était à Zara; alors s'établirent des relations de voisinage français avec les pachas turcs de Bosnie, de Scutari, d'Ianina : c'était renouveler la politique des Romains, lorsqu'ils se préparaient à pousser plus loin leurs conquêtes et leur domination.

Au mois d'avril 1809, Napoléon, qui marchait sur Vienne, ordonna au général en chef Marmont de conduire l'armée de Dalmatie, après avoir pourvu à la défense des forteresses, vers Raab, en Hongrie. Marmont rencontra à Gospich, à l'entrée de la Croatie militaire, une armée croate qui marchait pour conquérir la Dalmatie; il remporte une victoire complète et la dissipe, ayant fait prisonnier le général en chef autrichien avec 5,000 hommes; il continue sa route par Fiume, sans s'inquiéter s'il sera poursuivi; il rejoint l'armée d'Italie près du Danube. Ce fait d'armes, où s'illustrèrent les généraux Delzons et Clausel, et le colonel Godard, qui ouvrit le passage de Gospich avec ses chasseurs à pied, est comparable à la retraite des *dix mille*.

Par la paix de Vienne, le 14 octobre 1809, l'empereur Napoléon se fit céder la moitié occidentale du duché de Carinthie, la Carniole entière et tout le territoire à la rive droite de la Save, depuis sa source, en amont et en aval. Le surlendemain, 16 octobre, un décret impérial, daté de Schönbrunn, créa les provinces illyriennes, dont le nom, jadis célèbre, était oublié depuis le siècle de Justinien. Il donna à Marmont, nommé maréchal de France, le 14 juillet 1809, le titre de duc de Raguse, avec une dotation d'un million de francs sur les domaines d'Illyrie, et le nomma gouverneur général de ces provinces. C'est M. Faider, alors directeur, actuellement directeur général de l'enregistrement et du domaine en Belgique, qui fit le travail de cette dotation à Laybach; il est le père de notre collègue. Alors la frontière de l'empire d'Autriche fut repoussée de 35 à 40 lieues dans l'intérieur du continent; tout le pourtour du golfe Adriatique était sous l'administration de l'empereur Napoléon. Il établit les sept provinces illyriennes, qui furent définitivement organisées, après le départ du duc de Raguse, par décret impérial du 15 avril 1811, c'est-à-dire irrévocablement réunies, selon les opinions de ce temps, à l'empire français, quoique au delà du royaume d'Italie. Le général Bertrand, qui s'était immortalisé par les ponts du Danube, succéda au duc de Raguse, au mois de juin 1811, en qualité de gouverneur général; il vint finir cette organisation; le comte Chabrol de Croussol était intendant général. Les sept provinces illyriennes comprenaient : la Carinthie, la Carniole, l'Istrie, la Croatie civile, la Dalmatie, Raguse; je ne dis rien, pour le moment, de la septième province, qui était la Croatie militaire. Le chef-lieu du gouvernement général était à Laybach et la résidence d'hiver du gouverneur général à Trieste, centre du commerce. Dans les six premières provinces, les codes, les lois, les décrets et toute la législation française furent promulgués. On rapporta peu à peu toutes les dispositions du décret du 15 avril 1811, qui étaient transitoires et qui devaient laisser à l'empereur d'Autriche, allié de famille de l'empereur Napoléon, un reste d'espoir de rétrocession des ports de Trieste et de Fiume, qui étaient indispensables pour les commerçants de l'Autriche et de la Hongrie. En conséquence, s'il y avait, à l'instar des gouvernements généraux d'au delà des Alpes, de Toscane, de Rome, de Hollande, de Hambourg, un gouverneur général, un intendant général des finances, du trésor, de l'intérieur, un commissaire général de justice, des maires, etc., on conserva uniquement les noms de provinces, d'intendants, de subdélégués, de cours d'appel, au lieu de départements, de préfectures, de sous-préfectures, de cours impériales, pour ne point ôter, commeon vient de le dire, tout reste d'espoir aux Autrichiens.

Dès l'année 1810, quatre cents jeunes Illyriens des meilleures familles avaient été envoyés en France, pour achever leur éducation dans les lycées de Paris, de Ver-

sailles et de Fontainebleau. En 1815, ils étaient de vérita-
bles Français par leurs opinions et leur langage. On créa,
le 8 juillet 1810, des chaires de langue française dans
tous les colléges d'Illyrie sans exception.

En l'année 1812, les projets de renaissance de la Grèce
n'étaient plus un secret en Illyrie; mais comme toute l'at-
tention de la France se dirigeait vers la campagne de
Russie, ce projet fut peu connu hors de l'Illyrie. Afin de
s'y préparer, l'empereur avait envoyé de préférence, pour
l'organisation française, de hauts fonctionnaires et des em-
ployés qui avaient fait de bonnes études classiques et qui
connaissaient la langue italienne, répandue dans les
échelles du Levant, tels que le comte de Las Cases,
Charles Nodier et le poète latin Berchet. Il avait ordonné
qu'on fît bon accueil aux Grecs, sujets ottomans, qui de-
mandaient de l'emploi dans l'armée et dans les adminis-
trations. Déjà, en 1808, le maréchal Marmont, étant en
Dalmatie, avait créé, à Sebenico, un évêché grec schis-
matique pour un évêque grec, sujet ottoman, qui s'était
réfugié près de lui, pour éviter d'avoir la tête tranchée en
Turquie. Un grand nombre de Dalmates et de Croates pro-
fessaient cette religion : ils sont appelés Valaques. Toutes
ces mesures furent, plus tard, une des causes qui favo-
risèrent l'insurrection de la Grèce et en assurèrent le
succès.

Sous le rapport archéologique, le littoral illyrien et l'intérieur du pays sont décrits avec la plus grande exactitude
par Strabon, pages 514 à 516. J'ai même rectifié dans une
notice présentée à l'Académie, en 1857, un passage où les
copistes confondaient la Drave avec l'Odra. Virgile, né à
Mantoue, dans le voisinage de l'Illyrie, a décrit le cours du
Timave, près de Trieste, avec toute la vérité hydrographi-

que (1). On remarque sur tout le littoral des ruines de colonies grecques et romaines ; on exhume des monuments, des statues, des médailles. On admire le temple d'Auguste et un amphithéâtre à Pola, en Istrie. On admire surtout les restes grandioses, analogues au Louvre, du palais de Dioclétien, en Dalmatie ; on a bâti, dans l'intérieur de ce monument, la ville entière de Spalatro, près de Salone, où naquit cet empereur ; le temple que Dioclétien y avait élevé à Jupiter est actuellement l'église cathédrale.

Sous le rapport minéralogique, les mines de mercure d'Idria, en Carniole, produisant annuellement un bénéfice d'au delà de deux millions de francs, donnèrent une redevance annuelle d'un demi-million de francs à l'ordre des Trois-Toisons d'Or, projeté par Napoléon, selon un décret du 15 août 1809. Les mines de plomb de Raibl et de Pleyberg, en Carinthie, rapportaient un revenu de 300,000 francs. Les mines de fer de Neumackl et autres, en Carniole, produisaient le meilleur acier de l'Europe ; les Anglais l'exportaient par Trieste sur navires neutres et le revendaient fabriqué sous le nom d'*acier de Birmingham*. Les mines de cuivre de Szamabor et autres, en Croatie, étaient connues depuis la domination romaine, lorsque l'on y faisait travailler les martyrs chrétiens.

Sous le rapport végétal, l'huile d'olive de Cherso, la meilleure du Levant, était recherchée par les gastronomes romains ; les vins de la Dalmatie soutenaient la concurrence avec ceux d'Italie, d'Espagne, de Ténériffe, de Chypre. Mais, ce qui était plus important pour Napoléon, ce sont

---

(1) *Tu mihi seu magni superas jam saxa Timavi ;*
Sive oram Illyrici legis aequoris, etc.   (Ecl. 8ᵐᵉ.)

les forêts des deux Croaties qui ont des arbres de mâture et d'autres constructions navales aussi beaux que ceux de Russie. Des chantiers militaires furent établis à Trieste et à Buccari, près de Fiume.

Sous le rapport du règne animal, les chevaux de l'île d'Arbe sont aussi petits que les chiens du mont St-Bernard, mais infatigables et sobres. Les cognas, ou chevaux de Croatie, sont aussi sobres, aussi actifs que les chevaux, ou cognis des Cosaques : ils servirent de remonte aux hussards.

Sous le rapport industriel, les soieries de Gorice, près de l'Isonzo, soutenaient la concurrence avec les manufactures d'Autriche et d'Italie. Les salines d'Istrie, de l'île de Pago, de Dalmatie, étaient, avec le tabac, de qualité égale à ceux de Seghedin, de Warasdin et de Virginie, un riche monopole du gouvernement. Le transit, par le Danube, la Save et la Culpa, des grains du Bannat, de Temeswar, vers l'Italie, par Carlstadt, rapportaient à cette ville un droit considérable de mesurage, parce qu'on les débarquait pour les transporter par l'admirable route Louise. Je ferai observer, à l'ancien avantage de la Belgique, que l'empereur Joseph II avait établi à Ostende une compagnie de commerce maritime en correspondance, par Cadix, avec Trieste et Fiume. Quelques commerçants hollandais firent faire banqueroute à cette compagnie, en abaissant, avec une perte énorme, mais momentanée pour eux, le prix des marchandises coloniales, en concurrence avec une autre compagnie d'Ostende, qui allait aux deux Indes et en Chine. Il faut observer aussi que Joseph II avait fait établir, par des Anversois et des Bruxellois, dont j'ai connu les familles à Fiume et à Trieste, une raffinerie de sucre, tant pour ses États héréditaires que pour l'exportation en Turquie.

Dans la Carinthie et la Carniole, pays d'états de l'archi-duché ou cercle d'Autriche, la féodalité était peu différente de celle du reste de l'Allemagne. Dans les provinces véni-tiennes, d'Istrie et de Dalmatie, c'était la torpeur adminis-trative d'une république en décadence et souvent maltraitée par les Turcs. Dans la Croatie civile, c'était la féodalité des pays slaves : les nobles, seule caste qui jouissait des droits terriens et politiques, avaient une éducation viennoise, parlant entre eux la langue allemande, commandant en langue illyrique à leurs serfs, recherchant les modes pa-risiennes, aimant à apprendre et à parler la langue fran-çaise. Il y avait très-peu de nobles titrés en Croatie; les principaux résidaient à Vienne; mais en Dalmatie et en Istrie, les nobles titrés, surtout les comtes, sont aussi nombreux qu'en Italie. Je parlerai de préférence de la Croatie, que j'ai habitée plus longtemps que les autres provinces. Les nobles et les serfs de la Croatie civile étaient régis par un code appelé *Urbarium*, promulgué par la bien-faisance de l'impératrice Marie-Thérèse, pour assurer, à l'instar du code Justinien, les droits terriens et person-nels des nobles et pour adoucir le servage. Tandis que les nobles ont dans leurs châteaux, où ils se font des visites continuelles, réciproques et en société, tous les plaisirs de la civilisation européenne, les serfs, qu'ils appellent leurs sujets, se nourrissent rarement de pain, et ordi-nairement de pâte ou *polenta* de coucouroutz ou maïs, de millet, de choux; ils connaissent à peine la culture de la pomme de terre (en 1815), et n'ont, comme les Dalmates, que de la viande de chèvre, de porc, rarement de bœuf; souvent, au printemps, ils sont réduits à faire bouillir de l'herbe et à se priver de sel. Savoir lire et écrire était une chose inconnue aux serfs de Croatie.

Le serf de Croatie était attaché à la glèbe comme en Russie. Son seigneur, pour le fermage dit *cession colonicale* et non coloniale, de père en fils, reçoit : 1° le neuvième du produit des grains et maïs ; 2° un dixième de ces mêmes produits pour le presbytère que le seigneur rétribue lui-même ; plus un autre dixième pour lui des vignobles, des ruches (le miel étant une branche de commerce aussi florissante qu'autrefois dans l'Attique celui du mont Hymette), des troupeaux, des œufs, du beurre ; 3° 54 jours de grande corvée à deux bœufs ou 108 jours de corvée d'hommes *ad libitum ;* dans quelques domaines, outre ces corvées, dites *robbat,* les serfs doivent travailler deux jours par semaine pour leur seigneur ; 4° ils doivent tous un florin d'Autriche (2^{fr} 58^c,59) par cultivateur. Le seigneur a le monopole des droits d'abatage, de mouture, de toutes les espèces de chasses, surtout aux loups, aux daims, aux chamois, aux ours, dont les fourrures sont un objet de commerce. La chasse aux ours est celle que la noblesse préfère, elle la préfère même à la chasse aux loups ; le seigneur laisse à ses agents la chasse aux lièvres. Il a aussi le monopole de la vente du vin des auberges pendant six mois de l'année dans les pays de vignobles, pendant neuf mois dans les autres cantons. Le serf doit, outre tout cela, 12 corvées annuelles par individu au souverain. Les *stobodniacs* sont des serfs affranchis des corvées avec l'obligation du service militaire. Le prix d'un domaine se calcule par le nombre de serfs et non par la valeur de rendage, par exemple 1527 et demi-paysans. Il y a des communautés libres, telles que Turopoli (c'est-à-dire la plaine aux Turcs), Draganich, etc., affranchies pour des actions d'éclat contre les Sarrasins et les Turcs : on les reconnaît facilement à l'état de prospérité agricole.

Le seigneur acquittait directement les droits au souverain. La comptabilité était apurée à Bude, en Hongrie.

Par le décret du 15 avril 1811, les corvées ne provenant point de concession foncière furent supprimées sans indemnité; les serfs furent alors souvent consultés par le gouvernement français. Ils entrèrent dans les conseils municipaux à côté de leurs seigneurs. De plus amples détails dépasseraient la longueur d'une notice; je me bornerai aux considérations qui vont suivre.

Parmi les grands travaux d'amélioration que l'empereur Napoléon avait ordonnés, il faut remarquer la route Napoléon, d'une longueur de 180 lieues, achevée en trois ans, pour rallier Paris et Milan, Trieste et Laybach avec Raguse et Cattaro. Une autre route de Trieste et Laybach se dirigeait, par Carlstadt, à Costainizza, sur l'Unna, vers l'empire ottoman; le courrier de Paris y étant arrivé, continuait, à des jours fixés, sa route jusqu'à Constantinople, ayant ses relais chez des maîtres de poste devenus français, et dépendant de la France, quoique dans la Turquie : ainsi le service se faisait de Paris à Constantinople aussi régulièrement qu'entre deux villes à l'intérieur de la France.

Le lazareth de Costainizza, où passait ce courrier, était une des créations merveilleuses de l'empereur Napoléon. Ce lazareth, aussi vaste que celui de Marseille, dont les plans furent proposés par le duc de Raguse le 27 juillet 1810, fut commencé et achevé en quelques mois, en 1811; c'était la route d'étape des cotons en laine du Levant et des autres marchandises venant par terre depuis Constantinople, Sérès et Salonique, et elle devait correspondre avec l'Asie Mineure et la Perse. Napoléon voulait imiter Alexandre-le-Grand par cette nouvelle route des caravanes, et anéantir la navigation des Anglais aux Indes orientales. Il y a dans le *Moniteur* du 17 septembre 1810. un long article sous la rubrique des provinces Illyriennes, qui explique les frais de transport par caravanes de chevaux en Turquie; en Bosnie, on essaya, sans succès, les chameaux : l'humidité boréale du sol empêchait qu'ils y eussent le pied ferme. Cet article désigne les étapes et donne la liste des marchandises françaises à exporter et des marchandises turques à importer.

Je vais entrer dans quelques détails sur la Croatie militaire, qui était la septième des provinces Illyriennes. Après que les Turcs, en 1683, eurent levé le siége de Vienne et eurent été poursuivis jusqu'en Bosnie, l'empereur Léopold Ier, roi de Hongrie, fit organiser, en 1687, selon le système d'Herbestein, le cordon des régiments-frontières, dit en allemand *gränitzen*, pour devenir une barrière permanente contre ces barbares, et pour empêcher la propagation de la peste, d'autant plus que, quoiqu'en paix avec le sultan, il y a impossibilité d'empêcher autrement que par la force des armes les irruptions des brigands qui s'assemblent souvent au nombre de plusieurs milliers chez les agas, espèces de sous-préfets de Turquie; c'est ainsi, par exemple, qu'au mois de mai 1813, ils pillèrent et saccagèrent, dans une irruption, pour une valeur de 750,000 francs en une seule journée. Le général Jeannin contraignit les agas, qui avaient protégé ces brigands, à en payer l'indemnité.

Le territoire des régiments-frontières a une largeur moyenne de huit lieues, c'est-à-dire d'une forte journée de marche militaire. Sa longueur commence au littoral hongrois de l'Adriatique et se termine à la Transylvanie. Tout ce territoire fut soustrait à la féodalité seigneuriale. Le souverain en est devenu le maître absolu. Il l'a divisé en 17 provinces, dites *régiments*. Chaque régiment est subdivisé en compagnies; celles-ci en familles. Six de ces régiments, faisant partie de la Croatie militaire (dans le territoire sur la rive droite de la Save, cédé à l'empereur Napoléon, par la paix de Vienne, le 14 octobre 1809), sont au sud de la Croatie civile. Ils étaient subordonnés à un général ou Ban qui résidait à Carlstadt, au nord de la Croatie militaire, dont cette forteresse est limitrophe dans la Croatie civile, et pour l'entretien de laquelle les États de Styrie et de Carinthie payent annuellement 30,000 florins d'Autriche ou 77,500 francs environ. Le général est le chef de la direction centrale, aussi établie à Carlstadt, pour l'administration de ces six régiments. Il a sous ses ordres des officiers temporaires comme lui, et qui sont nés étrangers ou Croates, selon la volonté du souverain qui les envoie. Il y a un colonel par régiment; celui-ci réunit les fonctions civiles et militaires : il a sous ses ordres des officiers de service, comme dans l'armée, et des officiers d'économie, qui ont les mêmes titres et les mêmes grades que les officiers de service, et qui sont des fonctionnaires civils chargés de l'administration territoriale.

La population des familles est répartie dans cinq classes : la 1re classe se compose d'un choix des hommes valides de 16 à 40 ans; ils sont incorporés dans trois bataillons de guerre, de 1,200 hommes chacun par régiment, ou 3,600 hommes; ils sont exclusivement soldats, et ne s'occupent point d'agriculture. La 2e classe renferme l'excédant des hommes valides de 16 à 40 ans; c'est une réserve, comme le serait une garde nationale en activité, dont on choisit les hommes qui doivent toujours tenir au grand complet les bataillons de guerre, servir avec eux dans le pays, les remplacer dans le service intérieur aussitôt que ces bataillons sortent du pays, selon le bon plaisir du souverain. La 3e classe se

compose des hommes valides âgés de plus de 40 ans; ils
sont également militaires et paysans. La 4ᵉ classe se compose des femmes et des vieillards invalides. Les femmes
sont subordonnées aux officiers d'économie; elles sont
punies, comme les hommes, corporellement, mais seu-
lement par des fustigations, si leurs ménages sont en dés-
ordre ou dans un état de malpropreté. Dans la 5ᵉ classe,
il y a les enfants au-dessous de 16 ans; on choisit parmi
eux les plus intelligents, qui apprennent à lire, à écrire
et la comptabilité. Les écritures des régiments et de la
direction centrale se tiennent en langue allemande, que
ces jeunes gens doivent apprendre.

Tous les Croates militaires de ces cinq classes, sans
exception, sont agglomérés en famille; chaque famille a
un chef qui est responsable de ses subordonnés; il peut
les punir; il est punissable lui-même s'il néglige son de-
voir, s'il les laisse mendier ou vivre dans l'oisiveté. Le travail des champs se fait en commun par escouades de la
famille, qui commencent, s'arrêtent et finissent à un signal
du sous-officier qui commande. Les récoltes sont déposées
dans les magasins de la compagnie; on délivre des bons
de rations au chef de famille, qui a un livret. L'année sui-
vante, s'il y a eu un excédant de récolte, on en paye le
bénéfice au chef de la famille. Si une famille est trop nom-
breuse pour une culture calculée sur son rapport, on la
fait permuter avec une moindre famille.

Le sol montagneux et forestier de la Croatie militaire
présente l'aspect de l'Ardenne; mais la liberté, ce droit
dont les paysans ardennais ont la possession, est inconnue à
la grande communauté des Croates militaires : ils doivent
à leurs supérieurs une obéissance passive et ponctuelle;
hommes, femmes, enfants, tout est dans un état sembla-

ble à un casernement; les habitations rurales sont ordinairement isolées au milieu du fermage concédé. Les maisons, ou, pour mieux dire, les huttes, semblables à celles que Tacite décrit dans sa *Germanie*, ont un foyer au centre de l'habitation : la fumée s'échappe par où elle peut; quelquefois, chez les plus fortunés, ce sont des poêles à la russe. Leurs hameaux, car il y a très-peu de villages, et leurs villes sont loin de valoir nos villages et nos villes d'Ardenne; on y trouve quelques boutiques de marchands détaillants et même quelques habitants étrangers. Les colonels et les autres officiers, selon leurs grades, les curés, tant latins que grecs ou valaques, avec leurs chapelains, ont des demeures où l'on trouve l'aisance de la civilisation viennoise. Le général a un magnifique château à Schwarza, près de Carlstadt. Je me souviens que, sur le littoral, au port de Segna et ailleurs, en Dalmatie et en Croatie, l'escalier de la plupart des maisons est en dehors, en plein air, ce qui est conforme à des vers de l'Odyssée, lorsque Pénélope descend de son appartement. Les auberges seraient détestables si l'on n'y trouvait d'excellents vins, que l'Illyrie produit en si grande abondance qu'il en coûterait trop cher pour les sophistiquer.

Chaque homme de la Croatie doit être toujours armé d'un fusil, porté en bandoulière sur le dos, de plusieurs pistolets à la ceinture et d'un khangiar ou sabre en forme de faux. Les Dalmates, ayant à se défendre, comme les Croates, contre les brigands de la Turquie, sont aussi bien armés que les Croates; les Monténégrins sont les meilleurs tirailleurs de l'univers : ils sont sûrs d'abattre un ennemi à 500 pas.

Les Croates militaires des deux premières classes faisant un service militaire continuel, il y a, de distance en distance, des chardaques, espèce de casernes-corps de garde. Les étrangers, et même les officiers d'économie, ont le droit de requérir une escorte de plusieurs hommes. Si un Turc est rencontré isolément en Croatie, ce qui est fréquent, à l'instant même il est décapité. Sa tête, payée 20 florins d'Autriche (51^{fr} 70^c), par le capitaine d'économie, est posée sur un piquet la face tournée vers la Turquie, à l'extrême frontière. Par représailles, tout Croate sans escorte légale, en Bosnie, est empalé et exposé sur la frontière turque.

Les Croates, même ceux qui forment des bataillons de guerre, ne reçoivent point de solde dans leur pays, mais la direction centrale tient en compte une somme, dite *la constitutive*, prélevée sur la ferme des barrières et des auberges, pour payer l'habillement d'uniforme, l'équipement et l'armement des bataillons de guerre qui sortent du pays, selon le bon plaisir du souverain, et qui deviennent alors des troupes de ligne.

La Croatie militaire, sous l'empire de Napoléon, était peuplée de 500,000 habitants, parmi lesquels 155,000 grecs schismatiques, dits Valaques. Leur évêque réside à Plasky, près de Carlstadt; l'évêque latin réside à Segna. L'église grecque est ordinairement bâtie près de l'église latine; on les distingue facilement par la différence de leur construction canonique. Je ferai observer ici que l'ancien calendrier julien étant en retard de 12 jours avec le nôtre, est la cause principale de l'aversion réciproque des deux espèces de religionnaires. Nous célébrons les Pâques et la Noël lorsque les Grecs sont encore dans les jeûnes et les austérités de leurs quatre carèmes.

La Croatie civile et militaire, restée à l'empereur d'Autriche, à la rive gauche de la Save, avait 522,000 habitants.

Les six régiments à 5 bataillons de 1,200 hommes donnaient à l'empereur Napoléon un effectif continuel d
21,600 hommes, qui firent la campagne de Russie; c'étaien
si l'on me permet ce barbarisme, des murailles *embatai*
lonnées, car le soldat croate ne raisonne pas. Les Croat
grecs, qui étaient prisonniers de guerre, reconnus d
Russes par le signe de la croix, furent bien traités. L'en
pereur Napoléon avait fait recruter, dans la seconde class
deux régiments de hussards, de 800 hommes chacun. Tota
23,400 hommes. Actuellement, l'empereur d'Autriche do
retirer de ses dix-sept régiments un effectif continuel
59,200 hommes et une réserve beaucoup plus nombreus
sans compter la cavalerie. Les provinces illyriennes f
rent réunies à l'empire d'Autriche, le 23 juillet 1814.

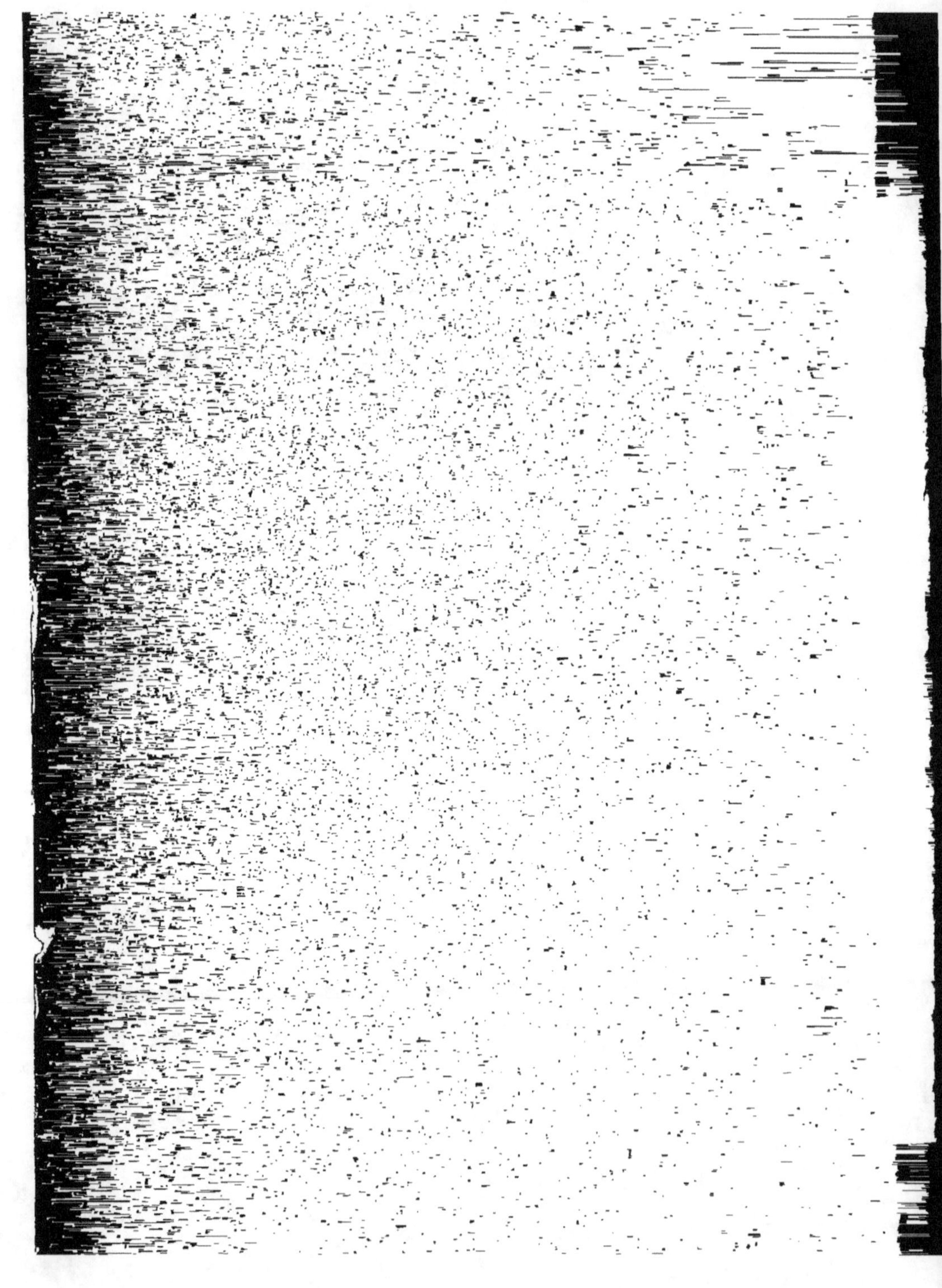

www.ingramcontent.com/pod-product-compliance
Lightning Source LLC
Chambersburg PA
CBHW061801060726
47597CB00007B/3054